BIBLIOTHÈQUE POPULAIRE ET SOCIALE

A 25 CENTIMES

L'INTERNATIONALE

SON BUT

PARIS

A. NORMAND, LIBRAIRE-ÉDITEUR

11, RUE DES SAINTS-PÈRES, 11

1877

'INTERNATIONALE

2me SÉRIE. — A PARAITRE :

Le Peuple et ses Représentants. — Les Ennemis de la Patrie. — Le Syllabus et nos libertés de 89. — L'Instruction laïque. — Les Ignorantins. — Mansardes et Palais. — Les Classes dirigeantes. — L'Ouvrier. — Ce qu'on voit et ne voit pas. — Silhouettes Radicales.

CONDITIONS :

1 Exempl.;	25 c.,	par la poste	0 fr.	30 c.
100	—	20 francs	—	25 fr. » c.
200	—	36 francs	—	46 fr. » c.
500	—	80 francs	—	105 fr. » c.
1000	—	150 francs	—	200 fr. » c.

PARIS. — TYP. WALDER, RUE DE L'ABBAYE, 22.

L'INTERNATIONALE

SON ORIGINE — SES DOCTRINES
SON BUT
SON ORGANISATION — SES RESSOURCES

PAR

A. PETIT-BARMON
Rédacteur en Chef du POITOU

PARIS
A. NORMAND, LIBRAIRE-ÉDITEUR
11, RUE DES SAINTS-PÈRES, 11
1877

L'INTERNATIONALE

Son Origine

L'*Internationale*, l'*Association des travailleurs*, l'*Alliance*, la *Ligue du Travail contre le Capital*, ou quel que soit le nom qu'on veuille lui donner, n'est rien autre chose qu'une vaste Charbonnerie, c'est-à-dire une véritable Société secrète.

D'où vient-elle? de l'Inde, peut-être, comme le choléra.

Pour arriver en France, elle a pris par l'Italie et l'Allemagne. Actuellement, elle est dans le jeu du prince de Bismarck. Elle sert à ses projets.

C'est dans ses rangs que cet habile Prussien avait recruté l'innombrable légion d'espions envoyés en France pendant les dernières années de l'empire.

Tous les membres de la Commune de Paris appartenaient à l'Internationale.

L'homme qui consent à en faire partie abdique toute volonté, toute conscience, toute liberté. Il renie sa religion, sa patrie, sa famille.

Il devient un numéro, ni plus ni moins qu'un ignoble forçat. M. Jules

Suisse, dit Jules Simon, aura beau faire, il n'est et ne sera plus que le numéro 606.

L'organisation de l'Alliance, en Europe, remonte à dix ou quinze ans. La grande Exposition de Paris facilita les entrevues des chefs. Pendant la dernière guerre, et à la faveur de nos désastres, elle s'est developpée à loisir. Aujourd'hui, elle tient les gouvernements en échec.

Fondée sous l'apparence et le prétexte d'une prétendue défense du salaire contre le capital, en arrivant parmi nous, elle dissimula soigneusement ses vues, sous une forme philanthropique de solidarité universelle.

Bientôt, elle compta au nombre de ses adeptes des hommes éminents dans les lettres, dans l'administration, et peut-être aussi jusque dans les conseils du pouvoir.

Elle manœuvrait alors avec une grande habileté. Beaucoup se laissèrent prendre à ses dehors trompeurs, et crurent de bonne foi qu'il s'agissait tout simplement d'une association de véritables travailleurs. Qui pourrait dire que ce n'est pas pour obéir à un sentiment de cette nature, qu'on commit l'imprudence de supprimer les livrets d'ouvriers ?

Un peu plus tard, et comme pour essayer ses dents, l'Internationale porta les troubles les plus graves dans toutes les industries.

Dans toutes les grandes usines, elle avait des agents actifs, intelligents et zélés. Par leur intermédiaire, elle parvint à répandre, parmi les masses ouvrières, les plus dangereuses productions littéraires et les doctrines les plus audacieusement subversives. Les mauvais instincts des mauvais ouvriers furent ainsi très-facilement excités, exaltés, suréchauffés. Et peu après, sur de nombreux points, des grèves sérieuses et des désordres graves éclatèrent. Il fallut l'emploi de la force pour les réprimer.

La « ligue du travail contre le capital » commença donc par coûter la vie ou la liberté à quelques pauvres diables, victimes de ces échauffourées. Quant aux chefs, quant aux agitateurs, quant aux meneurs, ils avaient su, suivant les courageuses traditions de ceux de cette race, gagner au large et pourvoir à leur sûreté !

Cependant, à entendre ses prôneurs,

ses racoleurs, ses défenseurs, l'Internationale prétendait encore n'avoir aucun caractère politique ni révolutionnaire.

Elle visait simplement, disait-on, à une vaste réforme économique.

Et lorsqu'il arrivait qu'à la suite de désordres dans les ateliers, dans les usines ou ailleurs, quelques-uns de ses membres étaient appelés à rendre compte de leur conduite devant la justice, ils ne réclamaient qu'une chose : la liberté d'une association purement défensive.

Ce qu'elle faisait alors en France, l'Alliance le faisait également, avec la même activité, parmi les autres nations de l'Europe : en Italie, en Suisse, en Allemagne, en Belgique, en Angleterre. Partout, elle s'organisait puissamment. Elle déposait de toutes parts ses ferments malsains, dans l'espoir qu'une occasion ne tarderait guère à leur permettre de se développer en toute liberté.

Cette occasion, en effet, ne tarda guère.

Les événements se succédaient alors avec une rapidité incroyable. Une révolution avait éclaté en Espagne, et le trône de la reine Isabelle avait été emporté par l'orage. La maison de Savoie, engagée dans une politique où son vieil honneur a sombré, se traînait à la remorque des Carbonari. La Suisse était comme un club constamment ouvert aux agitateurs du monde entier. L'Allemagne ou plutôt la Prusse tout entière à ses idées d'ambition, ne songeait qu'à utiliser, pour la réussite de ses plans, cette force nouvelle, qui lui a fourni toute la légion d'espions, — répétons-le, — dont elle s'est si bien servie contre nous.

Oui, tel était, en raccourci, l'état de l'Europe occidentale au moment où la guerre de 1870 éclata.

M. de Bismarck était prêt.

Nous étions loin de l'être. Nous fûmes vaincus ! Et l'Internationale avait le champ libre.

Grâce à l'anarchie, aux circonstances, à l'imprévoyante faiblesse, à l'incapacité notoire des hommes qui escaladèrent le pouvoir au lendemain du désastre de Sedan, elle eut des fusils, et plus tard, grâce à d'autres faiblesses, elle eut des canons et des forteresses.

Deux fois, dans Paris assiégé, l'Internationale se mit à la tête de ces émeutes parricides qui ont paralysé les efforts de la défense.

C'est elle dont on retrouve la main dans les mouvements insurrectionnels d'octobre et de janvier.

C'est elle, ce sont ses agents qui prévenaient l'ennemi du jour et de l'heure des sorties projetées.

C'est elle qui, dans la province, semait la peur et le découragement.

C'est elle qui accusait de trahison ce brave d'Aurelle de Paladines, le plus dévoué et le plus généreux des hommes.

C'est pour obéir à ses caprices, qu'un moment on voulut écarter de la lutte les Charette, les de Souis et l'héroïque phalange qu'ils commandaient.

C'est pour lui être agréable qu'on appela en France le podagre de Caprera, ce bonze de la fédération universelle, pour lui confier — honte et douleur ! — les drapeaux de la France laissés par lui, là-bas, sous Dijon, dans la *fange* et dans la *boue*.

C'est elle qui trouvait dans nos caisses vides des ressources inconnues pour payer les manteaux de pourpre, les parfumeries et les fourrures de cet apothicaire, frappé trois fois par la police correctionnelle de son pays, et qui alors, improvisé général, menait ses pareils à l'assaut des couvents et au pillage des églises.

Tous ces faits aujourd'hui sont du domaine de l'histoire !

Et puis, au 18 Mars, qui voyons-nous à la tête de cette insurrection scélérate qui a tenu pendant deux mois Paris sous son coutelas ?

Des membres, rien que des membres de l'Internationale ! Comme les corbeaux au lendemain des batailles, des quatre vents ils sont venus s'abattre sur Paris affolé de douleurs. On compte parmi eux l'écume des deux mondes. Ce sont des étrangers sans sou ni maille, des agitateurs comme Assi, le même qui poussait à la grève les ouvriers du Creuzot, et qui devient gouverneur de l'Hôtel de Ville ; c'est Cluseret, autrefois chevalier d'industrie, puis espion prussien pendant la guerre, et qu'on délègue aux forces militaires de la Commune ; c'est Dombrowski, Rossel, Protot,

Eudes et tant d'autres dont les noms, parfaitement inconnus jusque-là, ont retenti devant nos conseils de guerre.

Et parmi tous ceux qui les soutiennentpar la parole, par la plume et même en s'abstenant de les combattre, — car alors le silence ou l'éloignement était tout aussi criminel que les actes, — ne convient-il pas de rappeler les noms de ceux qui pactisaient pour ainsi dire tacitement avec ces immondes gredins et qui vingt fois sommés de répudier toute solidarité avec l'Internationale et la Commune, n'ont jamais osé le faire ?

Est-ce que M. Challemel-Lacour, qui laissait flotter sur les remparts de Lyon le hideux drapeau rouge et donnait l'ordre cynique de fusiller les gens qui n'avaient pas de goût pour cette loque sanglante, n'était pas un complice aussi bien punissable que ceux qui remplissaient les premiers rôles dans cet horrible drame?

Est-ce que M. Gambetta, qui passait la frontière pendant que les communards ensanglantaient la capitale, fusillaient les otages, incendiaient nos monuments, renversaient la colonne;

Est-ce que M. Ranc, qui a été membre de la Commune ;

Est-ce que M. Tolain, autrefois graveur, aujourd'hui député, et qui lors de la discussion de la loi contre l'Internationale, osa, du haut de la tribune française, prendre publiquement sa défense ;

Est-ce que tous ces gens-là n'ont pas contribué pour une large part à l'organisation, au développement, à la sécurité de cette association funeste, qui a juré haine à la patrie, haine à la famille, haine à Dieu ?

II

Ses doctrines — Son but

L'Internationale est une société de guerre et de haine.

Elle a pour *base* l'athéisme et le communisme.

Son *but* est la destruction du capital et l'anéantissement de ceux qui possèdent.

Pour arriver à ce but, elle dispose de ressources formidables; et, pour les mettre en œuvre, elle ne reculera jamais devant l'emploi de la force brutale.

Ces assertions sont parfaitement exactes.

Démontrons-le. Et pour cela examinons d'abord avec quelques détails les doctrines de l'Alliance.

Au Congrès de Bruxelles, le 13 septembre 1868, les chefs de l'Internationale disaient :

« Nous ne voulons plus de religion ; les religions étouffent l'intelligence. »

Plus tard, quelque temps avant la dernière guerre, le 4 avril 1870, dans un autre congrès, les mêmes hommes font en ces termes leur profession de foi :

« L'Alliance se déclare athée.

« Elle veut l'abolition de tous les cultes.

« Elle veut la substitution de la science à la foi, et de la justice humaine à la justice divine !

Enfin « elle veut l'abolition du mariage, en tant qu'institution religieuse, politique, juridique, et civile. »

M. Littré, cet académicien positiviste et matérialiste, qui s'honore d'avoir un singe pour ancêtre, a applaudi à l'organisation de cette étrange Société. Elle a eu « son *approbation.* » *Il a encouragé* sa création ; et, au lendemain des incendies et des fusillades de la Commune, il écrivait que « malgré de sinistres événements, il persistait dans son opinion d'alors. »

Or, à Liége, en 1865, où l'on acclamait le nom du même Littré, on avait terminé par ces cris :

« Guerre à Dieu ! — Le progrès

« est là. La révolution, le socialisme,
« le communisme, c'est le triomphe
« de l'homme sur Dieu ! — Il faut
« crever la voûte du ciel comme un
« plafond de papier. Haine à la bour-
« geoisie ! *Six cent mille têtes* font
« obstacle, qu'elles tombent ! »

Cinq ans plus tard, Raoul Rigault, le sanguinaire procureur de la Commune, fondait un journal qu'il appelait le *Barbare*.

Et à la même époque, un autre de ces monstres qui n'avaient de l'homme que le visage, écrivait dans la *Montagne* : « La révolution de 1871 est athée ; nous biffons Dieu. »

Et maintenant, M. Gambetta demande publiquement qu'on « extirpe la lèpre du clergé. »

Et dans une lettre récente, Garibaldi s'exprime ainsi :

« J'appartiens à l'Internationale, et je déclare avec orgueil que si je voyais surgir une société de démons ayant pour but de combattre les prêtres, j'irais m'enrôler dans ses rangs. »

Ainsi, voilà qui est parfaitement clair; l'association internationale des travailleurs renie Dieu. Elle ne reconnaît aucune divinité, elle renie l'idée religieuse: conséquemment, elle est antisociale, et doit être combattue sans pitié ni merci, comme le plus épouvantable et le plus dangereux des fléaux.

L'Internationale professe en second lieu ;

« Que la société a le droit d'abolir la propriété individuelle du sol et de faire rentrer le sol à la communauté. »

Ce qui signifie, ainsi que l'a très-nettement expliqué l'un des membres les plus importants de l'Alliance : « Abolition du droit d'héritage, collectivité de la propriété, liquidation sociale. »

Au congrès de Bâle, en 1869, le 6 septembre, on disait :

« Tout propriétaire qui veut louer un immeuble prouve, par cela même, qu'il n'en a pas besoin : qu'on l'exproprie.....

« Par liquidation sociale, nous entendons l'expropriation par la force de tous les propriétaires actuels. »

Oui, qu'on l'entende et qu'on l'entende bien, ces va-nu-pieds, ces voleurs, ces gredins imbéciles qui substituent la promiscuité des sexes à la sainte union du mariage, qui « biffent » Dieu de la société; veulent aussi « biffer » le propriétaire. Ils ont horreur de tous ceux qui possèdent. Ils ont juré leur perte, et ce doit être entre eux et nous une guerre d'extermination.

Ils ont dit :

« La propriété individuelle doit dis-
« paraître devant la propriété foncière,
« réglée par les communes organisées
« fédérativement. »

Et alors, que deviendront le commerce, l'agriculture, l'industrie? Que deviendront ces grandes choses qui font la prospérité des peuples : les échanges, les importations, les exportations? Que deviendra la science?

Que deviendra le travail ? Que deviendra le capital ; lequel, suivant une très-juste définition, n'est autre chose que « du travail mis en réserve ? »

Tous ces problèmes ont peu préoccupé ces étranges réformateurs !

Dans le numéro du 12 juin 1869 du journal l'*Égalité*, on peut lire :

« L'hérédité, c'est la chaîne de l'esclavage des peuples.

« L'hérédité, c'est la ruine des familles et des individus..... C'est le véritable foyer des vices sociaux. »

En vérité, quand on lit des théories pareilles, on se prend à douter du bon sens public. On se demande ensuite comment ceux qui ont formulé ces doctrines ont pu trouver dans le monde des hommes assez stupides, assez dépourvus d'intelligence et de raison, assez mauvais, assez dépravés pour s'en faire écouter !

Et pourtant cela est. Et ils sont à l'heure actuelle plusieurs millions de bandits de cette espèce, qui ont fait serment de réaliser ce programme.

Le journal que nous citions tout à l'heure, l'*Égalité*, (n° du 27 novembre 1869), a publié les lignes suivantes ! Bourgeois, méditez-les :

« Quand la révolution sociale aura exproprié les bourgeois pour cause d'utilité publique, comme ceux-ci ont exproprié la noblesse et le clergé, que deviendront-ils ? »

« Nous ne pouvons pas répondre à coup sûr, mais il est probable que le nouvel ordre de choses leur donnera du travail bien payé, à discrétion, afin qu'ils ne soient plus obligés de vivre du travail d'autrui. En cas d'incapacité de travail de leur part, ce qui sera le fait d'un grand nombre, vu qu'ils n'ont guère appris à se servir de leurs dix doigts, eh bien!... Eh bien! on leur donnera des bons de soupe.

« Mais c'est trop peu, hurlent les bourgeois. »

« Trop peu, trop peu! Du travail bien payé à discrétion, et de la soupe pour les invalides, diable, vous êtes bien difficiles! »

Avec quoi paierez-vous? Avec un capital, sans doute. Alors pourquoi le détruire? Qui commandera, surveillera vos travaux?

Et de quels travaux aurez-vous besoin quand il n'y aura plus de famille? quand le père ne pourra plus transmettre à ses fils le fruit de son épargne, le fruit de son labeur?

O triples niais que vous êtes! osez-vous bien, entre vous, vous regarder sans rire?

Mais poursuivons.

L'*Internationale*. — (c'est le grand *Moniteur* de la bande) — du 3 avril 1870, raconte l'histoire plus ou moins véridique de Thomyris jetant dans un seau plein de sang la tête de Cyrus, puis s'adresse, dans les termes suivants à la bourgeoisie des deux hémisphères :

« Ah! messieurs les bourgeois,

vous faites fusiller les révolutionnaires et les ouvriers qui osent se soulever contre les exploiteurs, vous aussi vous aimez à verser le sang : « *Eh bien ! on vous fourrera le nez dedans* ; et vous en lécherez jusqu'au dernier vestige. »

La reproduction de ces textes démontre surabondamment, n'est-ce pas ? que nous avions raison de dire en commençant : « L'Internationale repose sur l'athéisme et le communisme ; elle a pour but la destruction du capital et l'anéantissemeut de ceux qui possèdent. »

Vous plait-il maintenant de connaître le sentiment de ces prétendus « travailleurs » sur la Magistrature, sur l'Armée, sur l'Administration, lisez les textes suivants. Comme ceux qui précèdent, ils sont extraits des journaux de l'Alliance :

« La magistrature française est totalement corrompue. »

« La magistrature belge est « tellement avancée » qu'elle marche toute seule. »

« La magistrature allemande est à la hauteur de ses deux sœurs.

« Les magistrats de Magdebourg ne sont qu'un tas de gredins.

« Les juges sont inamovibles et inviolables, mais le jour n'est pas loin où ils seront suspendus... à une corde. »

Les internationalistes n'ont pas d'ennemi plus résolu que le soldat. Aussi, écoutez comment au congrès de Bruxelles, en 1868, les chefs de cette association ont parlé des armées :

« Nous ne voulons plus de Gouvernement... Nous ne voulons plus d'armées... car les armées nous massacrent.

« Les armées permanentes sont les filles du despotisme le plus abject.

« Le principe des armées permanentes, c'est la pierre angulaire du despotisme. C'est l'école de la servilité et de la dépravation. C'est la source première de la prostitution... C'est l'épouvantail du progrès... C'est le principe du parasitisme et de la misère... C'est l'obstacle éternel à la fraternité. »

Quant au fonctionnaire, l'Internationale l'appelle tout simplement : « *La lépre sociale.* »

Mais, dira quelqu'un peut-être,

« à quoi bon rappeler ces doctrines? l'Internationale et la Commune sont vaincues. Elles sont désarmées, et de longues années s'écouleront avant qu'il soit besoin de reprendre les armes contre elles. »

Ah! comme vous êtes imprudents, vous qui raisonnez de la sorte! Comme vous avez peu de mémoire! Comme vos yeux refusent de voir!

Quels sont les hommes qui ont donné 93,000 voix à Victor Hugo, en janvier 1872, et 160,000 voix à Barodet en 1873; quels sont les hommes qui ont eu la direction des élections dernières?

Quels sont les ouvriers de la ville ou des champs qui ont voté pour Lockroy, pour Ranc, pour Périn, Thurigny, Madier de Montjau, et toute la bande des sommités révolutionnaires suivie des inconnus de tout rang ?

Quels sont ceux qui à Limoges ont assassiné le colonel Billet, et, à Saint-Étienne, M. de l'Espée ?

Quels sont ceux qui, sur tous les points de l'Espagne, ont rallumé en 1873 les torches incendiaires de la Commune ?

Quels sont ceux qui, de toutes parts, excitent ces grèves qui, à chaque instant, mettent nos industries en péril ?

D'où viennent ces brochures, ces pamphlets que la police arrête journellement au passage de nos frontières ?

Qui sont tous ces hommes qui chaque jour profèrent, dans leurs écrits ou dans leurs clubs, les plus épouvantables menaces contre les sociétés et les institutions qui les régissent ?

Qui ils sont ? — Des membres de l'Internationale, des communards, des communardes, toute cette bande de sauvages sans feu ni lieu, plus dangereux que des chiens mordus, et que nos soldats auraient dû écraser sans pitié, jusqu'au dernier, comme on écrase une vipère ou un scorpion !

A Londres, il y a quelques mois, se publiait encore un journal appelé le *Qui Vive*. Il avait pour rédacteur un communard réfugié. Dans cette ignoble feuille, nous avons lu, de nos yeux, les lignes suivantes, à l'adresse de la Commission des grâces :

. . . .

« Vous verrez se dresser un matin,

et pour vous tous, les potences de Montfaucon.

« Mais ce sera place de la Concorde !

« A ces gibets énormes, où l'on accrochait jadis les misérables indignes de la hache et du billot, on vous accrochera.

« Et vous serez là, pendus, la face convulsée, la langue grosse, toute bleuie, et les yeux jaillissants.

« Et vous y resterez, nuit et jour,
« au soleil, à la pluie, jusqu'à la
« pourriture complète de votre sale ca-
« davre, qui, lambeau par lambeau,
« s'en ira dans la poussière ou la boue
« de la place publique.

« Nous saurons aussi trouver vos enfants et vos femmes.

« Et nous les mènerons sous les potences et sous vos cadavres, nous les ferons danser. Et ils danseront en mesure, car c'est nous qui la battrons, la mesure, avec nos cravaches, sur leurs épaules et sur.....

« L'orchestre, ce seront deux millions des nôtres criant à l'unisson :

« *Voilà la justice de la Commune de Paris* ! »

Une autre feuille, qui le dispute en cynisme à la précédente, le *Vermersch-Journal,* également publié à Londres, a écrit ce qui suit :

« Nous aurons notre grande revanche. Oui, nous l'aurons ! Et les mesures seront bien prises cette fois.

« Il nous faut six cent mille têtes, nous les aurons.

« Ils ont tout dit quand ils ont parlé

du sang que nous avons versé. Eh bien ! après ! le sang est fait pour couler ; et tout le monde des ouvriers doit se féliciter quand c'est le sang des bourgeois qui coule !

« Ce que vous avez vu n'est rien, bonnes gens de Paris, de Lyon, de Marseille, propriétaires de la rue Saint-Honoré et bourgeois du Marais ou de la Cannebière ! Ce qu'on vous réserve fera dresser vos cheveux sur vos crânes ; alors ceux de vous qui resteront auront le droit de parler de la Commune de Paris ! » — (N° du 31 décembre 1871.)

Et dans sa prison, une pétroleuse frottée de poésie a écrit les méchants vers que voici :

Nous reviendrons, foule sans nombre,
Nous reviendrons par tous chemins ;
Spectres vengeurs sortant de l'ombre,
Nous reviendrons, nous serrant les mains !

Oui, nous reviendrons, ô mes frères !
Nous reviendrons morts ou vivants (?)
Partout, sous les rouges bannières,
On écrasera les tyrans ?

Oh ! quand viendra notre revanche,
Vous expierez tous vos forfaits,
Pâles faiseurs de terreur blanche,
Allez, vous dormirez en paix !

Et maintenant, méditez. *Et nunc erudimini* ! Méditez, hommes d'État, généraux, bourgeois, capitalistes, industriels, agriculteurs, rentiers, prêtres, soldats, méditez !

Mangez, buvez, dormez, « pêchez à la ligne, lisez les faits divers, » raillez l'autorité, blaguez les sergents, passez le temps à écouter le charabia de Gambetta ;

Cancanez dans vos bourgades comme les chambrières à la fontaine ou comme les lessiveuses au ruisseau ;

Habillez-vous de vestons courts ou de redingotes à sous-pieds ;

Donnez à vos femmes des chapeaux, des cheveux à foison et des dentelles ;

Faites-vous servir des *geummes*, jouez au billard et aux dominos ;

Mais n'oubliez pas que les Internationaux ont besoin de six cent mille têtes humaines ; qu'ils tressent des cravaches pour en fouetter vos femmes et vos filles,

Et qu'ils réservent à ceux de vous qui échapperont à l'hécatombe........ du travail bien payé et des bons de soupe !

III

Son organisation — Ses ressources

L'Association internationale des Travailleurs, qui ne travaillent point, dispose de ressources considérables en hommes et en argent.

Elle est organisée d'une façon formidable. Elle est la *Révolution cosmopolite.*

En 1871, on comptait dans le monde entier environ *sept* millions de ces « ouvriers » qui ont juré l'anéantissement du capital.

Le prix d'une carte de membre de

l'Internationale est de cinquante centimes. C'est le droit d'entrée dans la bande.

Donc, en chiffres ronds, à cette époque, les caisses de l'Alliance disposaient, rien qu'en première mise et de ce seul chef, *trois* millions cinq cent mille francs.

De plus, chaque membre est tenu de verser une cotisation annuelle ou mensuelle, dite cotisation *fédérale*, dont le chiffre varie suivant les localités.

A Paris, à Lyon, cette cotisation est de 0,10 centimes par mois. A Rouen, elle est de 0,50 centimes. A Génève, elle va à 0,60 centimes. En Italie, elle varie entre 0,20 et 0,45 centimes, aussi par mois.

Jugez des sommes qu'on peut ainsi réunir ! Et, pour vous en rendre exactement compte, prenez la peine de faire avec nous le petit calcul suivant :

Supposons que la moyenne des cotisations mensuelles est seulement de 0,20 centimes, soit 2 francs 40 centimes payés annuellement par chaque affilié. Ces affiliés étant, comme nous l'avons dit, d'environ *sept* millions, — et ce chiffre a augmenté considérablement depuis 1871, — nous trouvons que l'Internationale dispose annuellement de près de *trois cent millions* de francs !

Ces ressources, il y a lieu de le croire, ne restent pas infructueuses. Et, sans s'exposer à être taxé d'exagération, on peut affirmer qu'en moins de cinq ans, elle doit avoir réuni près de *deux milliards*.

N'insistons pas ! Bourgeois, méditez ces chiffres, vérifiez-en l'exactitude. Ils portent avec eux un éloquent commentaire !

L'organisation en hommes n'est pas moins complète, comme vous l'allez voir.

L'Alliance de ces pseudo-travailleurs enlace la société tout entière. Elle se compose

1° De *sections* en nombre indéfini, et qui vont grandissant tous les jours ;

2° De *Conseils fédéraux*, en nombre jugé nécessaire pour relier *fédérativement* les sections entre elles ;

3° D'un *Conseil central* qui est pour ainsi dire, et la comparaison est juste, la tête et l'œil de cette pieuvre aux sept millions de suçoirs ;

4e Enfin, au-dessus, il y a encore le Congrès, c'est-à dire la grande réunion annuelle, dans laquelle sont admis, sur la simple présentation de la carte d'affiliation, *tous* les membres de l'Internationale qui veulent se rendre au lieu où il siége.

Les *sections* groupent les ouvriers de tous métiers ; et s'occupent de questions locales. Elles sont unies entre elles par les conseils fédéraux, qui ont la surveillance d'un certain nombre de sections et leur transmettent le mot d'ordre venu de plus haut.

Les *conseils fédéraux* se composent des délégués des sections.

Ces délégués ont des attributions fort importantes. Ils ont spécialement la charge de faire la propagande la plus active, de provoquer la formation de sections nouvelles, de les organiser, de les relier entre elles, d'exposer le but et les principes de l'Association. Réunis en conseils, ils délibèrent sur l'opportunité des grèves, sur leur durée, sur leur intensité. Ils ont la mission, pour tout dire d'un mot, de prendre partout et toujours la défense des salaires contre les capitaux, des masses ouvrières contre les patrons. Chaque mois, ils adressent un rapport au conseil central, et lui font connaître la situation fédérale sous le double point de vue surtout de la situation financière et du nombre des adhérents nouveaux.

Le *conseil central* se compose d'un très-petit nombre de délégués, envoyés par les conseils fédéraux. Il représente, de cette manière, toutes les nations de l'univers,

Ce conseil correspond avec la masse par l'intermédiaire de secrétaires spéciaux. Ces secrétaires ont des attributions multiples ; ils sont largement rétribués. Ils perçoivent les cotisations, les centralisent, les administrent. Ils reçoivent *seuls*, directement, les communications du grand conseil et transmettent seuls ses ordres.

C'est une monarchie absolue au sein d'une démocratie, laquelle semble ne pas s'être aperçue jusqu'ici qu'elle s'était donné des maîtres plus autoritaires, plus despostes, et plus impitoyables que les tyrans de l'antiquité elle-même.

Le conseil central n'a pas de siége

fixe. On sait qu'il a résidé pendant quelque temps à Londres et l'on croit que pour l'année présente il siége à Cadix. Toutefois nous n'affirmons rien sur ce point!

Tous les trimestres, ce conseil fait connaître l'état des classes laborieuses de tous les pays, il indique le prix des salaires, le résultat des grèves, et suivant qu'il le juge utile il imprime à la masse telle ou telle direction.

Le *Congrès* indique chaque année le siége du conseil central, et procède à la nomination des membres qui le composent.

Ces membres sont invariablement choisis parmi les délégués des conseils fédéraux.

Qui ne voit, par ce simple aperçu, combien vaste et puissante est cette organisation ? On l'a dit, elle est « terriblement admirable. » Elle est le ver rongeur de toute société civilisée.

Qui ne comprend que c'est là vraiment un État ayant son pouvoir exécutif, ses ministres, ses ambassadeurs, ses représentants, ses assemblées, ses fonctionnaires, ses finances et son armée ?

Qui ne voit, — répétons-le, — que c'est bien là la Révolution cosmopolite marchant en guerre, avec des forces formidables, contre toute civilisation, contre tout progrès ?

Et pendant ce temps, imprudents que nous sommes, gouvernants et gouvernés, nous nous ébaudissons au spectacle de quelques mesquines querelles dont rougiraient de pitié les petits Grecs du Bas-Empire.

Pour être complet sur ce point, entrons encore dans quelques détails :

En France, il y a environ, à l'heure présente, *deux millions et demi* d'affiliés à l'Internationale ! — Faites un plébiscite, faites des élections. Le résultat est prévu d'avance : ces 2 millions et demi d'hommes ne s'appartiennent plus ; ils voteront sur l'ordre des conseils fédéraux !

Il y a des sections à Paris, Marseille, Lyon, Rouen, Limoges, Roubaix, Lille, le Creusot, Saint-Étienne, Fourchambault, etc, etc, en tout 60 sections au moins. Ces sections ont quatre fédérations. (Paris, Lyon, Marseille, Rouen).

En Belgique, il y a 50 sections et 600,000 adhérents au minimum.

Depuis la Commune de Paris, il y a en Suisse plus de 50 sections. Genève est le siége du comité central des sections de langue allemande.

En Italie, en 1869, le *Mirabeau*, organe spécial des sections, annonçait « que les sections se propageaient dans de grandes proportions et que bientôt elles auraient enrôlé toute la masse ouvrière de la Péninsule. »

En Autriche, grâce à une loi qui cependant peut être facilement éludée, le nombre des Internationaux ne va pas à vingt mille.

En Allemagne, malgré M. de Bismarck, — qui protége l'Internationale à l'étranger pour les services qu'elle lui rend, mais qui la proscrit dans l'Empire, — l'Alliance peut disposer d'un million de bras.

En 1870, la Russie a été envahie à son tour par ce fléau; et, « en prévision de l'accroissement rapide de l'Internationale » dans cette contrée, on avait nommé un Russe, le célèbre Karl Marx, secrétaire perpétuel général de l'Association.

L'Angleterre, plus encore que la Suisse, a été le berceau de cette société terrible. Elle a 230 sections. Et de plus, les *Trades-Unions* lui sont affiliées.

L'Espagne et l'Italie sont aujourd'hui à sa merci. Elle en fera ce qu'elle voudra, le jour qu'elle se décidera à agir.

La Chine, l'Inde, les États-Unis ont des sections. Les Etats-Unis seuls en ont plus de 600. Et sous le titre de « Société fraternelle du ciel et de la terre, » l'Internationale s'étend à travers l'Inde et la Chine.

Aussi, l'*Égalité* de Genève a-t-elle bien le droit de dire : « Bientôt, il n'y aura plus aucun refuge « pour la réaction, » *pas même ans l'Inde et la Chine.* »

Et ailleurs, dans le même journal, on a pu lire en 1869 : — « Encore quelques années, et l'Internationale sera devenue *une puissance contre laquelle il sera ridicule de lutter.* »

Eh ! mon Dieu ! oui, la voilà cette société des « Travailleurs » qui sont tout prêts à mettre la main à toutes les barricades ! Oui, les voilà ces « entrepreneurs » de révolutions au rabais !

Bourgeois, gouvernants et gouvernés, les laisserez-vous toujours faire ? Et n'oserez-vous rien contre eux ?

Ne vous y trompez pas, c'est une révolution sociale que celle qui se prépare.

Le serviteur veut prendre la place du maître.

Le travailleur veut prendre la place du patron. C'est le bouleversement universel qui nous menace tous !

Prenez-y garde ! Prenez-y garde ! « quand dans chaque commune, — ainsi qu'ils nous en menacent, —

quand dans chaque bourgade » il y aura une section de l'Internationale, la vieille société s'écroulera d'un souffle !

A. PETIT-BARMON.

M. l'abbé Casabianca avec un rare bonheur d'exécu-tion.

Après avoir donné un résumé historique des appari tions et des magnifiques solennités de la consécratio et du couronnement dont il a eté l'heureux témoin M. l'abbé Casabianca, songeant avant tout aux malade qui souffrent et qui espèrent, nous donne une neuvain en l'honneur de Notre-Dame de Lourdes.

Nous ne connaissons rien de plus achevé que cett petite neuvaine, composée de la Messe et des Vêpres d l'Immaculée Conception, en latin et en français, d Rosaire médité et d'une Action de grâces.

Qu'il nous soit permis de dire, en finissant cette ana lyse, que l'*Ecrin de Notre-Dame de Lourdes* est l'ouvrag de piété le plus complet qui ait paru sur ce merveille pèlerinage.

Les fidèles y trouveront, sans que nous ayons besoi de le leur faire remarquer, une doctrine solide, un piété onctueuse, des aperçus nouveaux et des réflexion ingénieuses, et un style élégant et fleuri, tel qu'il con vient à Celle qui daigne apparaître sur un églantier e couronnée de roses.

(Extrait du *Messager de l'Immaculée-Conception*, du 1er décembre 1876.)

Paris. — Imp. Dubuisson et Ce, rue Coq-Héron, 5.

www.ingramcontent.com/pod-product-compliance
Lightning Source LLC
LaVergne TN
LVHW010046230826
846091LV00005B/1885
9782011768483